청어詩人選 63

다시 지리산에서

| 이만균 시집 |

청어

다시 지리산에서

이만균 지음

발행처 · 도서출판 **청어**
발행인 · 이영철
기 획 · 강보임 | 김홍순
영 업 · 이동호
편 집 · 김영신 | 방세화
디자인 · 오주연
제작부장 · 공병한
인 쇄 · 두리터

등 록 · 1999년 5월 3일(제22-1541호)

1판 1쇄 인쇄 · 2009년 12월 5일
1판 1쇄 발행 · 2009년 12월 10일

주소 · 서울시 서초구 서초동 1588-1 신성빌딩 A동 412호
대표전화 · 586-0477
팩시밀리 · 586-0478

블로그 · http://blog.naver.com/ppi20
E-mail · ppi20@hanmail.net
ISBN · 978-89-93563-64-1 (03810)

* 이 시집은 시흥시 문화예술발전기금으로 출간되었습니다.

다시 지리산에서

| 시인의 말 |

인생에 대한 감정의 질이
시가 아니고서는 버텨내지 못하는 숙명을 타고났다.
미숙한 작품을 세상에 내어놓는 까닭도 거기에 있다.
이 시집이 오늘의 나를 해체하고
새로운 나를 정립하는 계기가 되길 바란다.

이만균

c·o·n·t·e·n·t·s

1 가을에 훔쳐보다

2 꽃바람에 흔들리고 싶다

3
노래하라

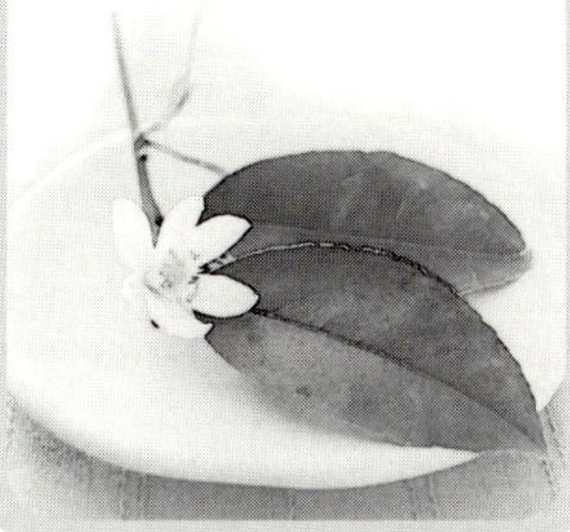

4
울지 못하는 새

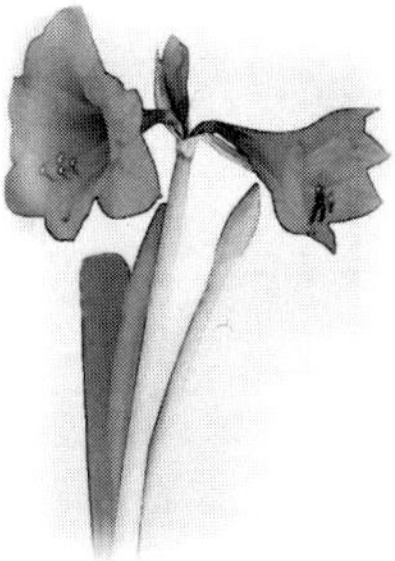

• • • • • • • 다시 지리산에서

1
가을에 훔쳐보다

작고 가늘고
촘촘한 파문을 일으키며
바다 끝을 걸어가는구나 싶더니,
땅 끝에도 예쁘고 작은
상형문자를 찍어대면서
고니일까 저어새까
하늘을 또 사뿐히 날아오른다

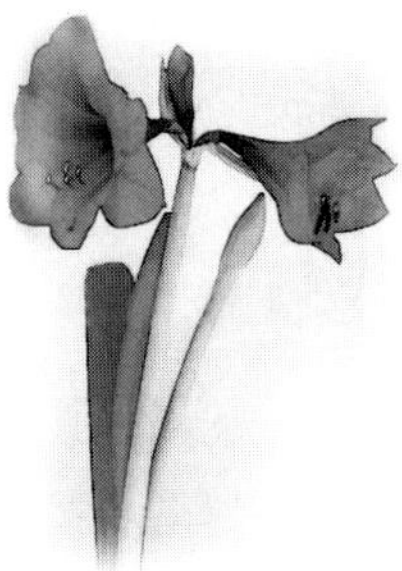

• • • • • • • 다시 지리산에서

가을 산에서

시간이 시작하기 전에
꽃 피어라! 사랑의 말씀 있기도 전에
거기, 미맹未萌의 덩어리
심연의 껍데기,
회색이었을까
검은색이었을까
깊디깊은 푸른색이었을까

거기 더디어 우뚝우뚝 산이 솟아오를 때
얼마나 힘찬 용트림이었으면
저리 우뚝우뚝 치솟았을까

저 능선과 골짜기
해마다 새순 돋아나고
갈매 빛 숲들 우거지지만
오늘은 가을이다
잎 다 지고 아득히 잿빛이다

노광을 기다리는 음광 필름 같구나

가을 새 한 마리 저기
산마루를 향해 천천히 그림자 밀고 가네

땅 끝에서

땅 끝에서
바다를 탐하다가 잠을 설친 너는 작은 새

새벽 희붐한 빛이 밀려오자
작은 떨기나무 하나 차지하고
온몸으로 우는 너는 아주 작은 새

비록 땅에서 땅의 것을 먹고 배를 채우지만
가슴 벅차도록 아득하고 크고 깊은 곳을 바라보는 새
사람들은 너무 멀어 저 거대한 숨결의 뒤척임마저
선이라고, 그냥 수평선이라고 하듯
저 피 토할 듯 내지르는 바다 그리움을
저 깊은 갈증의 몸부림을
그냥 새의 울음이라 해버리지만

아득한 저곳에서 오는 계시는
언제나 언어가 아니어서
서툰 수화만큼 서툴지만
아득한 눈빛으로
건져 올린 만큼만 삭여
노래로 토해내는
너는 정말 어여쁜 시인

나는 철이 든 어느 날
저 새의 노래가 정말
울음이란 걸 알았네
사모하여 피맺히게 내뱉는 노래가 절창이듯
다 풀어내지 못한 그리움으로 내뱉는
저 노래가 바로 애절한 울음이란 것을

나는 철이 든 어느 날
사모하던 바다로 영혼이 나간
새의 몸을 보았네
그리움을 풀어내고 남은 육체
너무 작아서
울고 싶은

가을에 훔쳐보다

작고 가늘고 촘촘한 파문을 일으키며
바다 끝을 걸어가는구나 싶더니,
땅 끝에도 예쁘고 작은 상형문자를 찍어대면서
고니일까 저어샐까
하늘을 또 사뿐히 날아오른다

우아한 하얀 목을 앞세우고
두 다리는 뒤로 드리운 채
두 날개는 힘차게 힘차게 허공을 저으면서
이제 막 기도를 끝내고 나선
지아비의 거동 같다

하얀 빛을 꼭 몸의 모양만큼 두르고
사랑의 의지이거나
미지의 설렘일까

이 땅에서 겪던 고통의 첨단, 부리가 찾던
허기와 갈증을 하얀 날개에 실은 채
나는 때와 저 나는 자국 지워지는 때의 찰나를
누군가는 훔쳐보고 있겠네
우짖을 때와 저 우짖는 소리 들리는 사이의 아슬한 침묵을
누군가는 가슴 조이고 있겠네

세상의 초소들은 다 기절했을까
겉도 속도 경계도 없는
아득한 곳으로, 아차
넘어가버리네, 저
소실점

해후邂逅

그날 밤은 삭풍이 유달리 세차서
가랑잎은 돌담에 아프다, 아프다 소릴 지르고
바람을 타고 간간이 여자의 울음소리가 섞여왔다
행여 삼도봉을 타고 내려온 짐승의 소릴 수도 있겠지
싶었으나
그 소리, 사람 냄새 진하게 풍겨오는 걸 부인할 수 없었다

바람은 더욱 마른 가지를 세차게 울리고
이윽고 뒷삽작문을 지나 마당으로 들어오는
짐승보다 비굴한 울음, 사람의 울음이 또렷했다
그래, 울음이 울음을 보듬지 못하는 전쟁, 1·4후퇴의 난리통에
가랑잎처럼 가족을 잃은 떠돌이구나
마당으로 어머니가 내려서고
한 울음이 또 한 울음을 보듬는 장면은
이 땅에 벌어지던 통한의 울음이었다

그는
열여섯 살 여자아이,
마음이 가난해서 하늘 섭리에 자신을 맡기는가

죽음이 흔해서 비실비실 걸어 다니는 죽음의 모습으로
예까지 흘러온 아이
인간이 괘씸해서 주님이 울고 계시던 밤이었다

그 아이
며칠을 우리 집 아랫목에 언 몸 녹이고
솜옷 한 벌 입혀 떠나보낸 아이
지금은 험한 세상 긴긴 세월의 옹이들을 매만지며
떠가는 구름을 바라보며
지나간 아픈 흔적을 되새기며 어디쯤
살고 있을까

사면死面에 핀 꽃을 보아라
— 신두리 사구砂丘

소멸해버린 것들이면 어떤가
한때 당당하게 살았던 형체들의 부스러기면 어떤가
알레그로 콘브리오 숨결 가쁘게
물결과 바람을 타고 와서
여기 일만 오천 년을 뒹굴면서
팔십만 평 언덕을 이룬
신두리 사구,
진작 이 땅의 습리였다

저 사면死面에 부활한 꽃을 보아라
저 석녀石女였던 몸뚱이를
저 현묘함의, 음밀함의 옥문을 찾아내
신묘한 바람이 흔들어주었을까
솟아오르고 소멸하고, 소멸하고 솟아오르고
몇 생이나 뒤집히면 사면死面에도 꽃이 피는지
얼마나 해코지하면 꽃 핀 자리가 또
사면死面이 되어버리는지
저기 꽃 핀 언덕을 좀 보아라

달맞이꽃 줄줄이 선 모래언덕 지나
백단풍, 해당화, 갯메꽃, 초종용, 좀보리사초, 갯방풍이 피어난다고

거기 깃들어 사는 황조롱이, 맹꽁이, 금개구리, 표범장지뱀
희희낙락한다고
케르빈의 불칼의 이름을 빌어 여기 금줄 하나씩 쳐 있다
해양생태계보전지역, 행위제한구역, 천연기념물 제431호

사람아, 사면死面에 핀 저 꽃을 보아라
소멸해버렸던 것들이면 어떤가
빛 닿는 곳마다, 물 닿는 곳마다
인간이 건드리지 않으면 사면死面에도 꽃이 피는 것을

참새와 한때를

자전거를 타고
참새들이 노니는 나무 아래를 지날 때마다
마음을 전하지
— 참새야, 사랑한다, 이리 와
내 손바닥은 포근하고 안전하잖니?
그중 한 마리가 먼저 날아가 버린다
이어 또 한 마리가 상대도 안 한다는 듯 날아가고
머뭇거리던 두 마리도 날아가는데
한 마리만 내게로 고개가 쏠린다, 꼭
그 순간의 파동만큼 내 안이 한없이 행복해진다

참새는 짧게 걷고 짧게 날지만
참새의 순간은 내 순간보다 짧고 짧지만
참새는 참새의 순간으로 정을 주지만, 그리고
참새의 순간으로 작별하지만
저 고개 쏠리는 순간의 마음이 마음에 담길 때
우리는 함께 우주의 공기를 마신다는 생각
영원은 저런 순간으로 이어져간다는 즐거움에 잠긴다

저놈 참새의 걸음으로 두어 발짝 뛰어가더니
거침없이 사랑을 남기고
늘어선 포장마차 지붕을 스치고 아파트 울타리를 넘으면서
훨훨 제 길로 날아가네

고사목의 죽음
— 설천봉 주목나무 고사목

천 개의 나이테와 천 한 개의 일상이 모두 상처에 가리고
갈매 빛 설레던 꿈도 속으로 속으로만 꿀꺽 삼킨 채
마른 폭포처럼 우뚝 일어선 주목나무 고사목

바람이 밤낮으로 저 죽음에게 다가와 지혜의 헌사를 바친다
— 상처가 사라지면 사라지지 않는 것은
세상에는 아무것도 없다
상처만한 말로 상처를 달래면
상처는 또 오냐 오냐 온 몸통으로 받아들이고
상처와 바람이 이 긴긴 소멸의 언어들을 주고받으며
찬사가 없는 죽음은 얼마나 후회스러운지 보여주고 있네

죽음이여,
사는 만큼 후회 없이 어엿한 죽음이여
살아서 천년의 인연
이제 다시 소멸의 긴 여정에 몸 세우고
딱정벌레와 딱따구리와 이름 모를 미물의 삶의 터전으로
한 천년 남은 세월을 저렇게 서 있다가
더디어 거대한 몸체 모양 없이 벌렁 자빠지는 날
다시 지렁이와 굼벵이와 불개미들의 젖줄로
헐거운 몸 탈탈 털어내며 허허허 웃으려나 보다

서 있는 죽음,
산 자보다 멋있구나

상처를 가진 나그네
상처의 시린 몸에 가슴을 부비는데
벌겋게 이는 저녁노을이
비로소 풍경을 완성한다
거대한 한 폭의 세한도

우듬지에는
하루도 세지 못하는 작은 새
사는 얘기 쏟아 놓느라 목청을 돋우고

다시 지리산智異山에서

그보다 아플 수는 없다
눈이 많은 몸의 기억을 기억하다가
묵상하는 나무들, 겨울이다

저들은
세석고원, 달궁계곡, 피아골 어디에서고
죽어서 다시 산다는 결단으로 파고 든
빈사의 몸들 의지할 둥지가 되어왔다
괴나리봇짐에 죽창에 스민
눈물보다 피보다 절고 짠
십만의 피 뿌리는, 녹두꽃 떨어지는 순간들을
보았을 것이다
고부황톳길 텅 빈 들녘에서 서럽게
서럽게 우는 청포장수를 보았을 것이다

생각이 목숨보다 질긴 몸들을 보았을 것이다
이데올로기, 피아골, 빨치산 낯선 이름으로
멧돼지 같은 울음 울며
아사하는 게 아니라고 동사하는 게 아니라고
어깃장을 놓으며 무너져 내리는 몸들을 보았을 것이다

눈이 많은 몸의 기억을 기억하다가
묵상하는 나무들, 겨울이다
피 머금어 아픈 나무 아래 웅크리고 앉아
피 끓는, 울고 싶은 아무데나
돌 하나씩 던져 보아도
그 모진, 뜨거운 피 한 방울 남아 있지 않거늘
지리산만한 서러움은 웬일인가

그보다 아플 수는 없다
눈이 많은 몸의 기억을 기억하다가
깊은 묵상에 든 나무들, 겨울이다

4월

나무들은
진작 벗어던진 것들에 대해 허전해 버렸는지
이제는 골똘하다

나도 대추나무와 회화나무 곁으로 나가
가부좌로 틀어 앉아
지나간 고단한 사랑에 대해
마음을 비운다

— 비청비백역비흑非青非白亦非黑

사랑의 흠집 모양새도 냄새도 없이 비우고 나서야
마그마 같이 치솟아 오르는 소릴 듣는다

— 목련꽃 보이느냐 보이느냐 보이느냐

먼 곳에선 빗장 푸는 소리 들린다

목련나무가 쓰는 시

겨울, 목련나무 아래서 보았다
동짓달 시린 빛, 헐벗은 빛
솟아오르는 목필木筆
스윽 스윽 휘두르는 휘호의 붓질
마른하늘에 시를 쓰고 있었다

차갑게 흔들리는 일로 하루를 보내고
못다 여민 마음 하늘에서 더욱 시려 보였다
바람 앞에 촛불 형상으로
흰 꽃송이 그리다가 거기
꽃보다 희디흰 시 한 줄 쓰고 있었다

부활을 위하여
— 맥랑麥浪의 추억

소 한 마리가 어깨에 멍에를 메고 갑니다
가로 걸린 멍에는 작지만
한 마장 논배미가 걸리고 요동을 칩니다
아직 단단한 굳은 땅을
활짝 마음 열어젖히는 땅이 먹어가고 있습니다

씨앗들은 저쪽 들머리에서
옹골차게 다물었던 마음을 열고
죽어야 할 채비에 한창입니다
백배의 부활을 위함입니다

황소는 절량의 빈핍, 더덕진 춘궁의 응어리를
한 발 또 한 발, 꾹 꾹 풀어헤치며
혼자 엎드려서 지고 가는 십자가상입니다
십자가상 아래로
죽음의 씨앗이 뿌려지고
답청의 발자국 꿈길처럼 지나가면
시퍼렇게 피어오르는 보리이랑에 앉아
갈증의 깊이를 헤아리는 어머니들이 있습니다

솥텅, 솥텅, 솥텅… 환청이 들리고
더디 오는 맥랑麥浪, 한 뼘 해도 잔인합니다

저기 어머니의 들어올린 팔이
아직 종달새 울음에 걸려 있습니다
이제인 듯 부활의 눈물이 저만치 진해 보입니다

창窓을 뚫어

창窓— 이것은
잿빛 하늘을 휘감아 오던 어느 하루의 중량을
버티어 서서
빩안 가슴으로 터질듯 놀이 치던 가슴팍으로
어엿이 꿰뚫은 머언 지평선

너희들 순순히 가고 없는 이 자리에
밤처럼 기립하던 하나의 벽
벽을 일컬어 박탈당한 영주권의 표식이라면

이것은 또 마의 감고 향하는 유배의 계곡
그러나 또 이슬 젖는 계곡의 찬란한 밤별,
낭자하게 가열하여 비춰다가, 한밤을 부르다가
쓸쓸히 질
샛별을 지키는 하나의 눈

너희들 더욱더 사라져 가라
돌아갈 모든
배신과 굴욕과 비열과 모독케 할
〈가이사의 것은 가이사에게로〉

나는 창가에 섰다
머언 바다 파도 우쭐대는 머리께를 치고
높은 산 우비진 흙바닥을 깎고
바람은 푸른 하늘 푸른 땅에
무엇인가를 움직이고 있다

불모의 지역으로 시간은 시간으로
생성할 씨를 밀치고 간다

두 손 모두어 들고
벅차오는 소멸감을 따라 새로 열린
창窓

TOKYO 까마귀

TOKYO 수이도바시 역에 내려서
T0KYO 한국YMCA호텔로 가는 길에서는
70여 년을 한결같이 갈파하는 까마귀의 목소리를 묵상하게 된다
1919년 2월 8일 동경유학생들이 독립선언문을 낭독할 때
뒤쪽 숲에서 "그 모습 장하다" "까아욱" 하고 바라보던
그 시조까마귀의 피의 유전을 받아 내지르는 목소리다
아침마다 호텔 창문을 바라보며 쉬지 않은 목소리로
"그들은 장했노라 우리 가계에 전해오고 있노라" "까아욱"
내가 "그 전승 고맙다"고 빙그레 웃어주면
다시 몸 깊이 수그리고 뭘 그러느냐는 듯 "까아욱"
무라꼬시 선생이 오는 날 아침, 까마귀 소리를 통역했더니
"그렇군요"라며 빙그레 웃어주었다

이 자리 그때의 함성이 싹터 커다란 호텔 조형물이 되고
함성이 이룬 빛으로 전통을 이룬 한국YMCA호텔
들어보니 그 빛 위에는 빛이 아닌 무거운 금융 빚이 심각한
상황이라는구나
수영장과 식당과 각층 복도마다 향수에 짙은 체취를 느끼다가
그때의 누군가가 불쑥 나타날 것만 같은데
이번에는 또 까마귀가 일갈한다

"그대들 조국에 빚에 빚진 자들 땅땅거리고 산다지 않은가"
"빚 가리고 있는 이 빚 좀 갚아주려무나" "까아욱"
오늘은 나를 보고 힐책하고 있는 듯하구나
고맙다 TOKYO 까마귀

세월의 지문

산판이 끝나자
더러는 눈물 절은 지폐를 만지작거리며
더러는 멍든 어깨를 어슥거리며
썰물처럼 빠져나갔을
우리 형님들의 발자국들
잡초에 묻혀 있다

떡갈나무 숲을 이루고
60년 묵은 옹달샘 하나
세월의 지문을 덮고
망연자실하고 있는데
민망하구나, 황급히
두 손 모아 세월의 더께를 걷어낸다
오, 60년 잠자던 물길이 다시 솟아오르고
그때의 노래 한가락 떠돌다 돌아온다
"산홍아 울지 말아 너를 보려 왔노라"
어느 벌목꾼 형님의 구성진 노래가 골을 울려 퍼지자
"어이홍차 어이홍차…" 검푸르게 골병드는
목도꾼 소리 땅이 꺼지는 듯 무겁다
"히야아…"

한 쪽박의 물 들이켜고 내뱉는 갈증 푸는 소리
울음이 반이다

몸 하나로 하늘을 만지며 살던
형님들의 춘궁은
봄바람처럼 와서 진달래 지듯 가는 것이 아니었다네
부스럼처럼 따라다니던 춘궁의 단내
코끝마다 시큰했는데
더러는 저 세상 가고
더러는 팽개쳐진 저 나무토막의 진 빠진 목관부 같은
세월의 잔등을 쓰다듬으며 어디쯤 살아 있을까

숲속에서

느티나무와 잡목 우거진 초록 속을 들어가노라니
울도 없는 것들이 뭇 생명의 보금자리가 되고
터전이 되고 양식이 되어 넉넉한 곳
열두 마디 애벌레의 잎 갉아먹는 전력투구의 몸짓이 아름다워
한나절을 허기와 갈증을 자초하여
명상에 들고 있는 나를 보게 되었다, 나는
색깔도 없고 너무 많은 언어와 수단과
치장된 표정으로 장식한,
망설이고 핑계하고 속알 없는 몸통임을 보여주는구나

빈자리 하나 얻어 위를 올려다본다
밤이 되자 숲은 촘촘히 하늘을 열어 보이고
별은 몸통의 빛으로
벌레는 몸통의 울음으로
나는 내 몸통의 힘으로 깊은 밤을 보내고 있노라니
내 안에 가득히 덮인 비늘을 갉아내는 애벌레가 보인다
자기를 버려 햇살이 지나가고 바람이 지나가도록
애벌레에게 자기를 내어주는 작은 잎의 살신성인처럼
내 속에도 마음의 노숙자들 포근히 쉬어갈 수 있는
빈자리 하나 만들어 주려는가

2
꽃바람에 흔들리고 싶다

꽃잎과
꽃잎 사이를 지나는
꽃바람에 흔들리는
꽃잎같이
흔들리고 싶다
오늘은

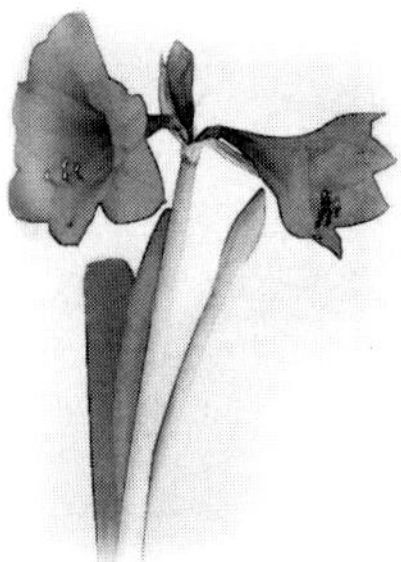

• • • • • • • 다시 지리산에서

기도

동짓달 그믐께 추운 날에
아파트 뜰 안 목련나무 가지에 마른 잎사귀들이
마치 참새 날아와 앉은 듯이 듬성듬성 달려 있고
그 가지에 목련 꽃눈들은 엄동 혹한에 오롯이
보송보송 아린을 두르고 솟아오르고 있다
저렇게 가야 할 묵은 잎과 돋아나는 꽃눈이
시린 하늘 아래 함께 달려 있는 정겨움
여느 꽃나무에선 볼 수 없는 정경이라 여기며
동짓달 그믐께 시린 목련나무 아래 발길이 묶인다

목련꽃 후순한 모습만큼이나
추위를 견디는 궁리 또한 남달라
꽃들의 대물림하는 의례의 기도소리도 간절하다
돋아나는 꽃눈의 기도소리는
— 저 마른 잎사귀들 어서 갈 길 가시게 하소서
이 꽃눈 지키느라 거렁거렁 드리는
기도의 목소리는 이미 금이 갔습니다
꽃눈들의 기도소리에 화답하는 마른 잎들의 기도 또한 간절하다
— 어서 피어나게 하소서
엄동 시린 하늘에 아린 한 겹 두르고 견디는 저 꽃눈
피어나는 것 보아야 떠나렵니다
있는 그대로 꾸밈도 없이 본래의 모습 그대로가 기도이구나

샘을 치다

옛 이름이 '도둑골' 이었지, 오늘은
엉겅퀴, 산나리, 철쭉꽃 푸지게 피어
능선 하나를 환하게 밝히고 있다

산 너머 화전 사람들, 산 이쪽 관터 사람들이
빤빤하게 닦아 놓은 길, 50년 세월의 더께가 덮이고
땀띠를 가라앉히던 '땀띠샘' 은 자국만 남았다

세월이 버무려져 넉넉히 발효한 부엽토 한 층을 걷어내고
또 한 층 비바람에 쓸려온 썩배기 모래층을 걷어내 본다
다시 50년쯤 숙성한 부엽층이 있어 가만가만 걷어내는데
잠자던 물길이 터져 모래알들 공깃돌처럼 솟아 올리고
국민소득 50불이던 세상 주역들의 이야기가 솟아 나온다

— 쑥보자기 내려놓고, 넙죽 엎드려서 목을 축이는 누나들과
— 나뭇짐 받쳐놓고 엎드리면 서로 등목 시켜주는 형님들과
— 친정 가던 봇짐 내려놓고, 가슴에 땀 훔치며 얼굴 붉히는
  새댁들
— 맨몸으로 달려와 서로 엎드려 물 끼얹으며 더위를 식히는
  사내아이들
샘물로 갈증을 풀어보던 시절은

남녀노소 모두 땅 앞에서 몸을 낮추는 모습을 알고 있었지

"그래도 쌀가루 설설 뿌려 쪄낸 쑥버무리가 부항을 막는다 카데"
가난하나 서로 걱정하고 살던 순후한 우리네 형님과 누나들이
얘기꽃을 피우던 곳

조릿대, 물푸레, 오리목, 능선으로 푸지게 싱싱하게 기어오르고
부둥솔에 앉아 뻐꾸욱 뻐꾸기가 맥이면
따따 딱딱악 그윽이 깊고 높은 곳으로 딱따구리가 받아 올렸지

오늘 다시 몸을 꾸푸려
샘물을 마시는 것은
땅에 엎드리는 몸짓을
배우는 것이다
자연에 순복하는 마음을
익히는 일이다

쓸쓸한 오후

물결은 차츰 큰 파도로 변하는데
배는 떠나고 싶어
뚜우, 헛고동을 울려보는 포구의 오후에
늙은 부부는 세월의 때로 찌든 부둣가를
우산을 쓰고 천천히 걸어가고 있다

이제는 기다리는 사람도 없는 고향 생각이 나서
헛고동 소리에 공명한 설움이 울컥
토악질해 오르는가, 어깨를 움찔해 보이면서
꾸부정한 해안 길을 헛발길처럼
천천히 걸어간다

지난 세월 많은 것을 버렸으련만
이제 와 쓸모없는 고향은 왜
가슴에서 떼어버릴 수가 없는 것인지
우산 아래 거친 두 손이 늙은 세월을 어루만지는가 보다
저 쓸쓸한 부두의 풍경을 갈매기는
철없이 날렵한 날갯짓으로 오락가락하고
뱃고동은 다시 한 번 헛기침을 크게 토한다

모두가 더는 갈 길 없는 우울한 부두의 비 오는 오후
고깃배가 하나 둘 돌아와 닻을 내리고
저 쓸쓸한 부두의 정경은 가라앉다 못해
슬픈, 아주 슬픈 한 마리 짐승의 가슴처럼
속으로 속으로만 무거워지네

어느 폐가 앞에서

굽이쳐오던 까칠한 겨울 산
봄이 서는 소리 아직 멀리 있는데
이 언덕도 해동이 급한가보다
둘러보니 작은 느티나무에 까치 두 마리 우짖고
그 아래 말라 갈라진 천수답 묵은 물꼬가 있다

누대에 걸친 갈증을
어느 가모가 저렇게 애태우며 견디던 곳이었을까
샛바람 불면 피리소리를 내는 폐가의 처마 밑
지금도 떠난 가모의 헐렁한 가슴께가 보인다
가뭄마다 소나기 한바탕에 메워지곤 하던 틈서리
영영 열어제치고 떠났네
사립문에 무상만
또렷이
남아 있네

풍경에 섞이다

수많은 잎사귀 중에
가지 끝 한 개의 잎사귀가 유독 흔들리다가
땅으로 떨어진 다음
침묵이 산비탈 하나를 숨죽인다

하늘엔 흰 구름
땅엔 까치 한 마리 나뭇가지를 건너는 사이
침묵도 가지 끝도 모두 산 풍경에 섞이어버리고
누룩처럼 깊숙이
울던 자국들이 번져나간다
눈치 채는 이 아무도 없다

먼 기억에서 떨어져 나간
슬픔 하나 만지작거리면서
풍경 속으로 섞이네

가을 나그네

포구를 가다가 본다
노을에 안겨 아버지 배 돌아오고
배 그림자에 포개지다 산그늘에 묻히는
가을 나그네
슬픔인 듯 그리움인 듯
갈매기 울음도 뜨문뜨문한데
마을 모퉁이 돌아 나가는
가을 나그네

미맹未萌

어느 바다와 산이 마주친 곳
초승달 모양의 한 고요를 만났다
땅이 처음 치솟을 때부터
씻기고 바래어 정갈한 알갱이 흙
피 한 번도 스민 적이 없다
형상 한 번 이룬 적도 없다

질풍노도로 바다가 달려오다가
저 고요 앞에 숨을 고르고
파멸할 듯 홍수 따라 산이 기울어오다가도
매무새를 가다듬는 곳
“산은 산이요 물은 물이로다”
서로를 존엄하게 치켜세우는 곳
하얗고
영원한 미맹未萌

억새의 노래

가파른 비탈에 올라서서
노을이 곱다고
노을로 몸 쓸리며 백발의 꽃들 춤을 춘다

세상의 꽃들 다 입 다물었어도
그리움 하나씩 치켜들고 일어선
피안의 빛 쏘시개

빛을 지르자
이른 아침 참언에 조이던 가슴 안고 오게나
신명으로 사위는
상처가 고와서 빛이 되는
어둠과 빛의 이음새
삶과 죽음이 하나인
휘몰이 꽃불

영원으로 쉬이는
살가운 몸짓이다
신명난 피안의 들머리
노을이 고운 때를 가려 맞이하는
친영의
몸짓이다

현월풍경弦月風景

누군가 이 해변에
신을 두고 간 그리운 이름

낙엽이 지고
연한 은색 하늘이
조용히 떨린다

하얀 해변에
수묵 같은 밀물이
뺌금처럼 밀려들었다

누군가
이 적막한 해변에
신을 두고 간 그리운 이름
영영 두절된 시간에
나는 나의 손바닥을 들여다본다

지금 달빛은 여리게 흔들리고
누군가 몹시 그립다

생동하는 것들

수평이 본심인 듯 바다는 왜
질풍노도를 치다가도 기울지 않는지
기울어 홍수를 쏟아 내리는 산은 왜 또
기우는 비탈에서 모든 것을 잘도 키우는지

투명하던 하늘에서 먹구름이 일고
번개가 우주의 혈을 찌르는 소리를 들을 때나
느티나무 하나쯤 퍼렇게 약 오르게 하는 일을 보다가
알았다
고요라는 것, 난동이라는 것 어느 것도
세상의 본심은 아니라는 것

나 어릴 때도 보았다
바다와 산이 언제나 바다와 산이 되고
가문도 없는 흙과 물이 각기 제 길로 가서
그들은 서로 다른 형상이 되어도
그들이 크고, 그들이 사라지는 일을 시비하는 이도
아무도 없으나
때로는 세상을 보는 마음이 변덕스러운 것을

보라,
베란다 앞, 흔들리는 대추나무 가지에서
한 쌍의 참새 신나게 어우러져 장난질하는데
저 가지 크게 휘어져도 꺾이지 않는 것을
휘어지다 되돌아와 또 크게 너울거리는 것을
휘어지지 않아서 온전한 것이 아니라
휘어져서 온전한 것임을
휘어져서 생동하는 것임을

거푸집

봄은
밤마다 푸른 별빛 이고 꽃 거푸집 만드는 소리
툭툭 거푸집 부수고 꽃봉 솟아 올리는 소리로 지샌다

아침이 되자
거푸집 치수만큼씩 환한 꽃길도 트이고
사람들은
광장 지나 전철 속으로 들어가
거푸집만큼씩 제자리로 또 새로운 존재가 되어
세상은 환하다

끝 좌석 창가에 앉아
개망초 흐드러지게 피는 언덕을 보노라니
사랑해야지, 개망초 바람에 흔들리듯
사랑에 마음 실어 고운 몸매로 흔들리며 산다는 게
즐거움이라고
사랑해야지, 그래도 세상은
거푸집이 되다가 거푸집 벗어 던지는 재미로 사는 게지

낙화 1

뒤에는
나래깃 같은 존존한 세월들이
붉게 물들이고 있었는데

목을,
기인 목을
빼들고
어쩌면 그렇게나
네가 도사리다가
웃다가 또 울다가
끝내 떨어지는 것을 보았다

희게 바래지던 육체가
마지막 인사였다

텅 빈 가슴에 나부끼며
떨어진 꽃을
혼자 보듬어 보다
고개 돌리고
마지막 노을만이
슬픈 하늘이었지

석상石像의 노래

이대로는
이대로 수억 년을 죽고 싶으다

꿈꾸듯 나의 몸을 핥고 간 이는
영멸한 잊음으로 돌아갔는지
따사로운 손길
다시 한 번 찾아오지 않고

운석의 그것마냥
찬란한 시간의 회상조차 없이

산새 한 마리
굳은 가슴께에 죽음을 칠 때
내 피부는
약간은 붉었으나
하 무겁게 굳어버린 마음
영원한 잊음으로 돌아갈 수밖에

깊은 골
태곳적 인접에 서서
비바람은 세월을 이끼로 덮는데

내일의 또 하나 가능의 세상을 어설피 속셈하는
길손의 꿈이 지나칠 때면
아아 우람히 굽이 지은 산등이처럼
그리움의 저 환상을 디뎌

바람이 일어야 하겠구나

또 한 번 현기처럼
아찔하니 막히려는 숨이 돌리고

깔끔한 풍화를 해야 하겠구나

꽃바람에 흔들리고 싶다

고요한 곳으로 이끌어다오
잉태의 경험도 없이
옥문 안쪽 같이
아무것도 들이지도 키우지도 않은 곳으로
이끌어다오, 거기
꽃잎과 꽃잎 사이를 지나는
꽃바람에 흔들리는 꽃잎같이
흔들리고 싶다
오늘은

3
노래하라

걷어낼 수 없는
캄캄한 침묵만 남아서
영혼을 만지는
침묵만 남아서
눈 감아라 그리고
죽음을 노래하라
살아 있음을
노래하라 타이른다

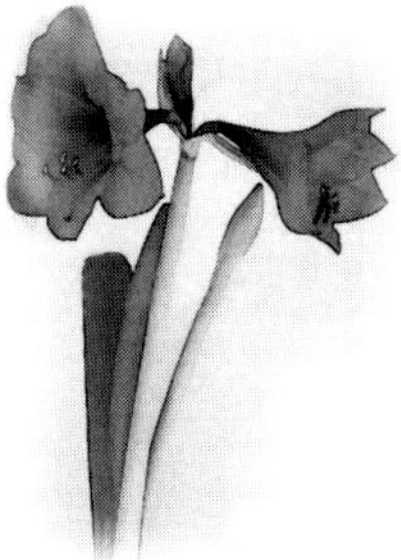

• • • • • • • 다시 지리산에서

청암골 가는 길에

삼도봉 아래 세 갈레 길
서쪽으로 노을 잦던 구천동길 버리고
서남쪽 우두령도 버리고
구름 빛으로 우뚝한 가야산 중허리 나그네로
가롯재 끝마을을 돌아 넘는다
달구지로 살던 궤적 위에 아스팔트 깔려 있는데
짐짓, 옛 산길로 들어 수풀을 헤치며 올라서니
여기가 세상 끄트머리
저어기 가야산, 지리산 능선들이 피안인가 싶네

온길 내려다보니
설악 연봉 화라지 흔들던 바람
대간 동서로 넘나들다 독 바람 되어 예까지 왔네
초록 비탈 아랫도리 나무들은
누릿 누릿 비루먹었는데
민망하다 거기
까치 두 마리가
나무 위에 앉아 매연을 털다가
일갈한다
나무하고 살고 싶다, 꺅꺅
사람 곁에 살고 싶다, 꺅꺅꺅

꽃 없는 날의 지복

격열비열도 가다가 석도 건너편
머리채 푸르게 푸르게 치렁치렁한 동백섬 가다가
동백섬 싱싱하고 푸른 소리에 기가 질린다

— 신발 벗으라
— 맨몸으로 오너라

태양이 이글이글 내려쬐는 8월 염천
조금은 활료한 토양에
어느 종갓집 가모처럼 지절 높은 동백나무들 빽빽하게 자라서
울다 지친 친구들을 위해서는 꽃을 피우지 않는다고 한다
기다리다 지친 친구들을 위해서도 꽃을 피우지 않는다고 한다
동백섬엔 함부로 동백꽃이 없다고 한다
삼백 날의 웅숭깊은 기다림이
꽃 없는 날의 지복인 걸 왜 모르느냐 다그치고 있다

동백꽃은 우리나라의 단 하나의 조매화鳥媒花라니
문득 마음 끌려 동백 숲속에 가부좌로 앉아
얼굴 달아오르고 마음 상기하여 섬 전체인 듯 흔들리는데
문득 또 동백 무리 임종이 궁금하다
늦겨울 몸단장한 삼천궁녀의

삼천 무리쯤의 꽃무리 뛰어내리는 꽃 멀미의 환상을
꿈결인 듯 그리다가 에라, 또 실수를 하고 만다
자르고 다듬고 꽃 다그쳐 피우는 버릇이 도져
동백 한 폭 보쌈하다 창가에 애지중지 두는 궁리를 하고 있는데
다시 동백 무리 내지르는 호통 소리 정신이 번쩍 들었다

— 꽃을 탐하는 놈
— 꽃 없는 삼백 날쯤의 지복을 모르는 놈

육지에서 머나먼 여기 청정한 곳, 늦겨울에
우린 속물들이 보지 않는 날 조용히 꽃을 피우니라며
— 맨몸으로 썩 나가라,
호통 소리 내지른다

돌려다오

아이들이 별을 보고 별보다 부신 말을
하늘로 쏘아 올렸는데
땅에는 팔백 년도 넘어 산다는 배롱나무 꽃
별처럼 환했는데
오늘밤은 배롱나무와 별 사이 아파트 베란다에
노인 하나 별빛 속으로 나간다
별에게 삿대질을 한다

— 돌려다오, 돌려다오

별을 보고 뛰어가던 밤이 좋았는데
그 별 하나 오늘 밤 빗금을 긋다가 휘어져 내리고
저렇게 아이들도 하나씩 사라져 가 버렸다며 중얼거리는 노인
어느 때부턴가 노인의 가슴에서 뜬금없이 사라진 것은
별을 보고 종알대던 마지막 말 한마디
끝내 기억해 낼 수 없는 딱 그 한 마디 말이다

아쉽다, 솔깃이 귀 기울이면
별은 순정품 기계 돌아가듯
통어할 수 없는 별들의 언어들로 귀를 간질이고
마지막 쏘아올린 그 한 마디 어디에서도 찾을 길 없는데

문득 어디선가 들린다
— 할아버지 별 보지 마세요 별 볼일 없잖아요
별 너머 캄캄한 곳을 더듬던 할아버지
울컥 설움에 젖는다

아이들이 별을 보고
별보다 부신 말을 쏘아 올렸는데
땅에는 올해도 배롱나무 꽃은 별처럼 환히 피었다고
하늘을 보고 또 투정을 부린다
— 냉큼 돌려다오!

노래하라

산젯골 낮은 언덕에
세월 자국이 까칠한 느티나무 하나 서 있다
어머니 손등 거칠어 잡고 울고 싶었던, 그런 흠집들이
속속들이 박힌 채
외로이 선 나무

그 등에 의지하여 본다, 오늘은
바람소리 걷어내고
짐승소리 걷어내고
걷어낼 수 없는 캄캄한 침묵만 남아서
영혼을 만지는 침묵만 남아서
눈 감아라 그리고
죽음을 노래하라
살아 있음을 노래하라 타이른다

겨울 숲에서

모두가 흔적뿐이다

남루 여미며
휘둘러보아도
가는 이도 오는 이도 없다

울지 않고 사랑을 기다리는 법을
누가 알 것인가
삭풍이 선문답을 하고 가네

오늘밤 누가
내 곁에 있어줄 수 있어도
사랑은 잎눈 꽃눈 같이
꼬깃꼬깃 접어둔
음밀한 것
누가 내 속 열어볼 수 있나

봄이
서러움을 안고 오는 줄 아는
오직 그이뿐

우물의 추억

어린아이의 조그만 손거울에
환히 속 보이던 전설이 있었다
밤이면 별도 뜨고 유성이 몇 번씩이나 타다
꺼져가던 것이 보였다
향나무 향기가 비스듬히 몸을 이루고
구름처럼 바람처럼 함께 일렁이고 있었다
여인들은 인정을 건지고 나서 향나무 향기를 건지고 나서는
상처도 추억도 끝내 다 건져내지는 못한 우리의 우물

어느 날
세월이 지나고
우물은 그냥 사람들 마음에서 사라지고
그 맑은 우물에 일렁이던 전설도 사라지고 없네

결핍

사방의 꽃들 져버리고
그림자도 번질 곳 없다
고요가 포근하다

가지들은
허기에 젖고
바람도 신명이 빠졌나보다

어디선가 속삭이는 소리 들린다
적막으로 가득하다고
그리움으로 가득하다고
꽃 진 자리에 서보라고
꽃 진 자리에 서보라고
허기에 젖는다고
세상 제일로 고픈 생성의 시작이라고

겨울바다에서

들어 보았는가
파도소리 얼다가 부서지는 소리
적막한 겨울바다 소리,
낯익은 새도 가고
바람 한 올 지나간 자리
공허 한 자락뿐

말을 걸고 싶다
말 한번 걸어보고 싶다 하지만
빈사의 시간이여
나는 너무 작은 겨울 나그네
할 말을 잃었다

행여 보았는가
가벼움도 없는 곳
무거움도 없는 곳
만져질 듯 만져질 듯
잡히는 건 아무것도 없는 곳

언어마저 기절해버린 곳
아아악
겨울바다

바다가 물었다
외로움이 겨울바다뿐이더냐고
그래, 외로움도 순수한 것이어서 좋다고 했다

오이도 유적에 눈이 내리고

한량없는 서사의 몸짓을 하며
눈이 내린다

만년을 같은 몸짓으로 눈이 내리고
눈발들이 사적 제441호 오이도 유적을 덮자
그제야 부스스 몸 일으키는 선인先人이 보인다
눈 밟으며, 등 웅크리고
집으로 돌아간다
움막 안은 고기 굽는 냄새
서로를 마주보며 해시시 웃는 얼굴들
저 아름다운 집이 대지의 숨결이었지
자연의 향기이었지

이제 겨우 절박한 마음
한숨 돌린 인생의 끝 나절을
나는 왜 눈사람이 되어 서성이고
세상은 잠시 새로운 것을 말하려는 듯
나는 왜 여길 떠나지 못하는지…

몸짓 그대로 이름이 되는

처음 산이 솟아오를 때
그윽이 드리운 골짜기는 얼마나 정갈했을까
물 먹은 봉우리는 또 얼마나 청신했을까

노루 없는 노루목
호환虎患의 애련한 전설을 잃어 가는데
오늘은 여기 불령산 깊은 골짜기를 탐사한다
여기 조그만 용소 하나 정갈하구나
절벽 위에서 뻗어 내린
가지 하나 물에 닿을락 말락
가는 바람에도 순한 몸짓을 하네
그 몸짓 그대로 이름이면 좋겠네

여기가 세상의 처음 자리이고 싶으다
초록이 뿜어내는 향기
인간 내음이 배지 않은 고른 숨결
빙하시대와 대운석의 충돌 이후 솟아난 나무의 직계손
나무에 무식하여 이름은 모르나
저 유연한 몸짓 그대로 이름이 되는 곳

낙화 2

꽃 지는 날에 보면
고픈 땅이 있지
세상 뜬소문 다 화답하고
거기 몸으로 가서 베푼다네

꽃 진 자리에는 울고 싶은
상처 하나 있지
연지갑 빨간 손톱 지워진다
울던 누이야
네 가슴 붉은 울음 자국이
이 세상 제일로 고운 꽃 그림자 되고

한 알의 씨알로 던져졌던 양수 속
최초로 고팠던 그 기억처럼
아귀가 된 듯, 꿈속에서나 채운 듯
채우고 채우다가 탁탁 터져버리는
너는 한 알의 급성자였지

꽃 지고 나면 울음도
꽃빛이 되는구나

홰치고 울던 장닭 한 마리 뒤뚱두뚱
뒤란으로 돌아가던 날
정말 꽃이 떨어졌네

배신자背信者

나와 함께 손을 쥐어라
고개는 돌릴지라도

오늘에 이른 꼭대기를 작별하고
무너진 꽃잎으로 장식을 한
여기 층층계를 내려가자꾸나

열 층, 스무 층
칠십 층, 백 층

천천만만처럼 내려앉은
저어 층계 밑창에 고인
맑은 우물 거기에
너와 나의 때 묻은 손발을 씻자

맑은 우물엔 때가 벗기고
반은 검어가는 두 개의 얼굴
우물 속에 얼굴이 비칠 것이다

산에 들에
휘뿌려진 세월은

참새처럼 나래 접고
날아들 것이다

세월 위에 구름같이
기억들이 고이면

섬섬閃閃한 옛 눈짓이
찾아들 것이니

그때 우리는 손을 놓고
돌아 서자꾸나

우리는 벌써
서로의 배신자는 아닌 것이다

아침의 때에

그 막막하던 어둠의 모든 것들이
눈물로써, 그러나 눈물로써
참 밝음의 기쁨을 말하는구나

거기 검은 지평 한복판에 있을 때는
너 오는 거리의 확연한 발걸음도
내 슬픔의 행방조차
나도 몰랐구나

나무들도 죽음을 모르고 살아가는 때
나무숲에 깃들인 참새 한 마리도
비에 젖은 나래를 떨고
이제사 죽음의 방향에서
머리를 돌릴 때

시간은 소나기보다 강렬하다
시간은 꿀의 감미보다 확실하다

해 돋는 곳을 향하여 나래를 치는
한 마리 흰 날새
어쩐지 어쩐지 기쁨의 울음이 돌고

휠, 휠, 휠 해풍 치고 날아가는 때,
태초의 말씀이 어느 시집의 종잇장처럼
팔, 팔, 팔 넘겨 가는 때,

지금은 그 막막하던 어둠의 모든 것들이
눈물로써, 그러나 눈물로써
참 밝음의 기쁨을 말하는구나

땅 끝에 사는 사람

선제도 땅 끝
척박하고 작은 땅에서
썰물에 낙지 잡고 맛 캐고
얼굴 검게 번들거리고
아직 못다 벗은 짐 추슬러 올리듯 일상이 힘겨워도
목소리는 항상 잔잔하고, 간혹
격양된 소리를 내기도 하지만, 그건
금슬 좋은 부인하고 엄청 기쁜 일이 있을 때의 일이다
내륙으로 자식 유학 보내고
사는 재미에
신을 찬양하며 사는 사람

집 둘레에서 새들도 지저귀고
사랑을 호명하는 소리 한 옥타브 더 높이 지저귀면
한 나래 칠 만큼 다가와서
서로를 부르며 치켜세우며 한없이 한없이 열락의 기쁨을 뽐내는
아름다운 땅
내륙으로 살림난 자식 문안 오는 날에는
새도 더 신명나게 노래하고
이런 날은 바다와 하늘까지도 가슴에 와서 가득히 안기는 곳

나는 내륙에서 땅 끝 마음으로 살았거늘
여기 땅 끝에 와서 정작 땅 끝 마음 보지 못하고
땅 끝이 바로 사람의 마음에 있음을 비로소 알았다

밀리고 밀리다가 땅 끝 벼랑 위에 서는 일
바다 끝에는 없다고
그 사람 낙지가레, 조락 둘러메고 오늘도 개펄로 가고
새들은 삐이삐이 꺽꺽 노래하는 곳
나는 파도소리 한 옴큼, 새소리 한 옴큼, 그리고
그들이 신과 자연을 찬양하는 기쁨 한 옴큼을
담아 돌아가면서
솟아나오는 미소를 참을 수 없었네

화음

그대는 내게 숲처럼 푸른 사랑을 고백했다
그 사랑 받아들이면 내 표정도 숲처럼 푸르고
가슴도 푸른 물이 들었지

옥구도 중턱쯤
바다도 하늘도 숲속으로 스며오는 곳
그대의 곱고 은은한 숨소리를 느끼면
우리는 두 개의 감미로운 선율이 되어버렸지

초록 나뭇잎 사이 촘촘한 하늘을 보며
제1주제는 항상 내가
지극히 낮고 은은한 색깔로 이끌어 가면
그대는 꼭 한 마디 뒤를 이어
한 화음 높이
날렵하게 노니는 물고기마냥
서로를 감싸며 흐르는 선율이 되어
지극히 조화로웠지
어느 우주를 노닐어도 좋은
탈속의 한때였지

4
울지 못하는 새

가늠할 수 없는 곳,
다시 고개 돌려보니
거기 있다
포크레인 큰 삽 아래, 봉분 위에
파닥이며 따라오지 못하는 새
끼룩끼룩 용을 쓰며
울지도 못하는 새

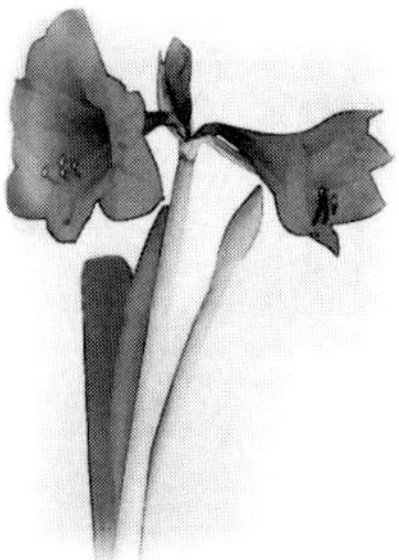

• • • • • • • 다시 지리산에서

울지 못하는 새

어제의 네 미소는
아침 햇살 같았는데
오늘 나는 사랑이 스민 흙을
네 가슴 위에 뿌린다

엎어놓은 쪽박섬 같이
네 표정은 캄캄하게 묻히고

지상의 시간들이 참새처럼 내려와
너하고 부르던 해조명海鳥鳴을 들려주는구나
죽지가 지치도록 날고, 목이 터지도록
허기진 듯 허기진 듯 몸부림하며
부르던 해조명海鳥鳴

가늠할 수 없는 곳, 다시 고개 돌려보니
거기 있다
포크레인 큰 삽 아래, 봉분 위에
파닥이며 따라오지 못하는 새
끼륵끼륵 용을 쓰며
울지도 못하는 새

못다 지른 소리
— 민통선 골짜기에서

당신의 그 손 보이지 않지만
고갯길 길목에 서시어서, 불꽃처럼 서 계시어서
저를 세워주십니까
휴전선 골짜기에
겨울이 왔습니다

돌을 스치며 흐르는 물소리와
보랏빛 겨울 가지들이 울고 싶어 합니다
찢긴 듯한 하늘 어딘가
전쟁에서 사라진 형제들의 십자가상들이
줄 서 있는 듯합니다

잎 진 가지들이 온 산을 뒤덮고
당신께서 굴리시는 겨울의 소리는
이렇게 다시 청신하여, 들어보라며
지난 전쟁에서도 살아남게 하셨나 봅니다
회향병이 도지고
겨울 억새꽃처럼 남아 슬픔에 겨운 이들
온 길 아슬하고
갈 길 위엔 바람이 붑니다

휴전선 골짜기에
청아한 음계들이 산정을 오르다가
훌쩍 넘어가질 못하고
얼음 쪼개지는 듯 탄성을 내지르고 사라집니다

남은 잎들 시나브로 떨어지고
당신에게 한 발 더 가까운 여기
마지막 날가지의 한 잎 낙엽이 뚝! 하고 지는 소릴
남은 이들 함께 들어보고 싶습니다
마지막 낙엽이 마저 지는 소리
어쩌면 아주 우레 같은 울음
화들짝 땅 한번 흔드는 소리면 좋겠습니다
휴전이란 이름으로 오갈 수 없는 길, 아직
미처 못다 지른 소리가 있다지 않습니까

겨울 진혼곡

잔혹하다

북악에서
잎새 하나 뚝 떨어져 내리는 밤에
보는 이 아무도 없고
어느 길 끝에 노숙자 하나
섣달 그믐밤 차마 닫을 수 없는 눈
반쯤 뜨고 숨 거둘 때도
보는 이 아무도 없었다

구름도 낯을 가리고
오물보다 거추장하게 치워버리는
오욕의 생을 살아보려고
무던히 비굴하던 인생
고향은 가슴에 묻고, 가족의 얼굴은 차마 잊고 싶었던 그 사람

서성이는 겨울바람, 그 흔들리는 꼬리에
긴긴 시름을 달고 가는 이들의 영혼과 슬픈 얼굴과
잡풀 마른 길섶 작다란 바람 몇 올이 하늘을 스쳐지나가고
뒤바람은 느닷없이 또 닥쳐오리라

마른하늘에는 마른천둥처럼 참을 수 없는 파동
하늘과 땅이 마주치는 격렬한 파동이
길 잃은 영혼들을 말끔히 달래주면 좋겠구나

북악의 잎새 하나
뚝 떨어지는 밤에
노숙하던 사나이
차마 눈 감지 못하고 숨 거둘 때
때 절은 주머니 속 주민등록증만
울고 있었다

거지

1953년, 부산 광복동 뒷골목 시궁창에
둥근 얼굴에 땟자국이 얼룩진 소년 거지 하나
무거운 군화를 신은 채 발을 잠그고 쓰러져 있다

악이 물들지 않은 곳에서 너는
전쟁이란 요란한 뱃전에 실리어
헤어날 겨를 없이 운반된 도매상품의 찌꺼기
과원주의 칼날이
상한 가지를 지나갈 때
설익은 복숭아같이 떨어져 나온
네게는 죄가 없다

우리 공동으로 이어받은
피로 이룬 귀여운 생명
살로 빚은 고운 육체
이 땅의 상속자, 귀여운 아들

피를 바치는 저주스런 계절에 피는 병들고
살을 찢는 처참한 소리에 살은 이지러지고
땅이 갈리는 분통과 오욕의 아들
그 이름 거지, 이 땅의 상속자

오늘 밤도 네 집 북창에는 샛바람이 불고
창틈을 넘실거리는 엄마의 안타까운 기도는
가슴을 태우리라, 아니
어머니도 고향도 흔적 없이 이 땅에서 사라졌을 수도 있겠지

내 다가가서
어린 형제의 손을 쥐어 볼꺼나
허나, 손은 천 길 낭떠러지에서 떨리고
내 손은 할 일이 없구나
오욕의 거리

아직도 거기 서 계신 예수님

어릴 때,
고향집 뒷산에 서 계시던 예수님
온몸을 언제나 이리로 돌리시고
흰 얼굴에 비단 도포 드리우시고
골짜기 잘 보이는 곳에 서 계시더니

어느 날은 산 중턱 큰 바위 위에
무릎 꿇으시고, 두 손 모으시고
고운 이마에 달빛 받아내시며
위를 향해 기도하시더니

어느 철들어가는 여남은 살 지나서, 문득
수치와 아픔의 벗은 몸에 매 맞으시더니
아무 말씀 하지 아니하시더니

그 예수님
오늘은 말씀하시네
우리 고향 예배당 뒷산 소나무 숲 큰 바위 지나
골짜기 하나 건너 민둥산
석배기 언덕에서
나무 십자가에 달리시어서

죽으시면서
— 나를 위해 울지 말라
— 아버지, 저들을 용서하여 주소서

눈 감으면
아직도 거기 서 계신 예수님

명작을 그리며

새벽이 되도록 화폭에 붓질을 해보았는데
몇몇 형상을 이래저래 가다듬다가도
지평만은 함부로 건들지 못했습니다
서둘러 덮어오는 것은
이제 막 불그레 노을이 일고 있습니다

시월의 잎들은 미리 떨어지기도 하여
나무도 엉성하게 세우고
골목을 들어서면
대추나무 모과나무가 늘어선 울타리 위로
반 이상 가린 얼굴로 초저녁달이 희미하게 얼굴을 내밀고
명작이 그리 쉬운 것이냐고
이제 화판을 던지라 합니다

조금 서툰 구도면 어떠냐고
낯익은 사내를 중심에서 두려다 지우고
빈 논배미에 낟알을 챙기는 참새 한 마리를 그려놓았습니다

아주 먼 곳으로는 함양, 산청 목화밭 빈 들녘 어디쯤에
붉게 노을을 지고 가는 아낙이 있습니다
목화 낟알 이삭을 주우며, 기도의 이삭을 줍는 아낙입니다

목화 이삭으로 피륙 짜는 생각에 허리 굽힌 모습입니다
명작이 언제 마음 흔들지 않는 게 있더냐고
저 풍경이면 붓을 놓아도 된다고 했습니다

당신이 완성하셨습니다
어머니

감람산의 기도

감람산 달빛 아래, 바위에 무릎 꿇고
세상에서 제일 외로운 사나이
부딪히는 달빛도 겨운 육신이었는데
땀이 핏방울이 되어 땅으로 떨어지고
육신의 번민은 하늘까지 이르렀네

돌 던질만한 거리에
사랑하는 제자들은 육신에 겨워 잠이 들고
더디어 그 상거는 끝내 넘을 수 없는
하늘과 땅의 거리가 되어버렸는가

사랑하는 자들아 나와 함께 깨어 있어다오
내게는 지구 무게의 번민과
하늘만한 영광도 있느니
그러나 내가 이 짐 져야 하기에
번민하여 죽게 되었으니 깨어 있으라

감람산 달빛 아래 바위에 무릎 꿇고
세상에서 제일 외로운 사나이
땀이 피같이 흐르는 감람산의 절규
아버지여 이 잔을 내게서 지나가게 하옵소서

그러나 내 원대로 마시옵고 아버지 원대로 하옵소서

그리고 죽음의 손에 몸을 맡긴
우주에서 제일 외로운 사나이
달빛은 왜 그리 무겁게 이마를 때렸는지요

둔주곡

꿈이었다
말기 간암 진단을 받았다
태양이 뜰 때
장독대 시들던 나팔꽃 덩굴에
어머니가 물을 나르고 계신다
꽃을 위한 기도의 몸짓이다

나는 어머니 치맛자락에 달려
둔주곡 응답*처럼 졸랑졸랑
경쾌한 생명의 노래가 되어 따라다닌다
부엌에서 장독대로
장독대에서 부엌으로 또 장독대로
주제와 응답은
덩굴에 소생하는 꽃 하나씩을 피우다가
마침내 온 덩굴에 흐드러지게 꽃을 달아 놓았다

꿈이었다
간암 말기 진단을 받았다
어머니가 나팔꽃에 물을 나르고 계신다
어머니 치맛자락에 둔주곡 응답처럼 노래를 함께 부른다

"마른 덩굴엔 물을 주어야지"
"시들던 꽃은 다시 피네…"
주고받는 주제와 응답은 꽃들을 노래를 하고
암이 꽃으로 피어나는
꿈이었다

*응답 : 둔주곡에서 처음 주제에 이어 두 번째 나오는 주제

소나기

한 마리 어린양으로
수도원이 내려다보이는 언덕에
꿇어앉았습니다

한 사나이가 개울을 건너갑니다
한발과 수해가 번갈아 지나가는 개울입니다
오늘은 가뭄으로 메마른 징검다리를
휘청휘청 건너가는
저 사나이 산모퉁이 돌아갈 때
굴뚝새가 갈매 빛에 몸을 적시며
굴뚝새의 노래를 외로이 부릅니다
산그늘에 한통속이 되어 가렸습니다
저 짧은 정경은 나의 방황을 닮았습니다

수도사들은 육신의 사역을 멈추고
묵상에 잠길 때가 되었습니다
긴 시간이 흐르고
이제 소나기가 쏟아져 내리기 시작했습니다
소나기는 머리를 씻어 내리고 등골을 지나 흐릅니다
발끝까지 타고 내려온 물은 눈물과 피 같이 무겁고
얼굴에는 그냥 혼돈과 광란뿐입니다

겨우 영혼이 혼미한 채
눈을 떴을 때
저만치서
어느 한 분이 희미하게 서 계신 것을 보았습니다
금방 눈물이 흐를 듯이
사랑이 가득한 눈빛으로 바라보시며
서 계신 것을
보았습니다

석양에 돌아가렵니다

석양에 돌아가렵니다
부끄러움 한 줌 풀숲에 묻고
후회의 눈물 무서리에 훔치고
빈 들녘 지나 당신의 빛을 따라 가렵니다, 어머니
당신 곁에 있으면 작은 돌의 귀도 열어주시던 저녁
종소리의 환청이 들리네요

저문 하늘 차마 잊을 수 없는 마음,
오두막 하나 차지하시고
어인 일로 아직도 거기 기도의 손 들고 서서 계시는지요
그 손 이제 내려주세요, 어머니
늦가을 해도 어둑한 계단을 오르면 보이시던
남새밭 둔덕에 좌정해주십시오
그때처럼 누우렇게 잘 익은 호박 몇 덩이 위로
별이 갓 돋아나고
당신의 자리는 호박과 그 별의 중간 자리였지요
거기 그대로의 모습으로 편히 앉아주세요, 어머니

무서리 내려, 길섶마다 쌀쌀한 늦가을
잎 진 잔가지 넘어 빈 들녘
무명 보자기 걸빵 달아 메시고

무명 피륙 보름새 한 필 짜시겠다며
함양, 산청 들녘에서
무명 이삭 주어시고
메마르고 닳고 닳은 길 걸어오시던 어머니

자애로우신 그 얼굴에 세상 고락 다 묻으시고
어인 일로 아직도 두 손 들고 거기 서 계십니까
지그시 감으신 눈에
감도는 저 기도의 빛
양 손끝에 서리는 사랑의 온기에 안기려
이놈, 이제는 돌아가렵니다
졸듯 혼미한 순간의 격을 활짝 밀치고
개벽처럼 펼치신 당신 품으로
둥지를 찾는 어린 새처럼 돌아가렵니다
어머니!

역려과객逆旅過客

석양에 돌아왔습니다
노을 첩첩 빛나는 구름 빛
초가 하나
알배기 배추 무서리 앉고
까치밥 서너 개 붉게 달린 감나무 한 그루
그리고 바랜 성경책 가슴에 포개시고, 당신께서
별세의 자리이고 싶으셨던, 여기
지금 하찮은 풀 한 포기마저 경건해 보입니다

가련한 민족주의자
1944년 저들 광란의 막바지 앞에서
상한 가지 위에 휘어진 듯 조국이 흔들릴 때
꿰매진 것들뿐이고
석자 이름이 네 자 이름이 되고
낯선 신당에 절을 강요당하던 시절
"나 이 땅에서 죽으리라
희고 큰 하늘 배내옷 입고 여기서 훨훨 하늘 세상 가야지"
그래서 돌담 치시고 탱자나무 심으시고
"나 죽어도 만주는 못 가, 연해주는 못 가" 하시더니
지조와 순결의 낱말은 모르셨지만

저녁 찬송 곡조와 아침 기도 고요한 목소리
영혼을 키우시더니

지금은 이 터에
삼도봉 정기 이음이음 밀고 와
당신의 영광스런 머릿결처럼,
억새로 가득 채웠습니다
자유롭습니다, 자연 그대로입니다
더러는 부러져 바람에 맴돌아도
뭇 별들 깃들고
아침마다 초롱초롱 이슬이 달리네요
당신이 아침마다 바라보시던
빛나는 보석
소자도 저무는 하늘 올려다보며
눈시울에 가만히 달아봅니다
어머니

방황

마침내 돌아서겠지요
비로소 광야에선 돌아서겠지요

너무 많이 버리고 온 모습들과
일력들이 휴지처럼 꾸겨져간 거기
낙엽들이 흩날립니다

흔히 목 놓인 소가 무덤가에 밤을 지새듯
나도 어느 외론 길섶에서
배반한 벗들을 찾아들런지요

시간은 언제나 돌이킬 수 없고
사랑은 처음과 나중이라지만
시린 계절에 들려오는 그대의 발언
회한에 설레어,
나 왜 이리 여려지는지

친구여 우리는
욕된 날의 부채를 회심할 피조물
신은 기복과 한계를 만드시는 분
아직은 여기가 광야입니다

당신은 누구십니까

당신은 누구십니까
나를 그리움에 지치게 하시는 이
바람 부는 날 바람 끝을 잡고 언덕에 서게 하고
기시떨기에 이는 불꽃같은 얼굴로 서성이다가
그래도 가시지 않은 그리움에
헛것을 바라보게 하시는 이

당신은
우리 어머니를 닮았나 봅니다
해질녘, 둥지를 찾는 새처럼
골목길 뒤뚱뒤뚱 돌아들다가
무엇인가 아쉬워서 마당을 서성이게 하는 이
언제나 어머니 얼굴에
환한 빛으로
겹치시는 이
당신은 누구십니까

일상의 은총

잎이 떨어지는 것이 슬픔인 줄 알았다가
푸른 잔디가 노랗게 바래는 것이 무상인 줄 알았다가
정작 노란 잔디에 내려박힌 낙엽을 보며 보석 같다고
바람에 쓸려가는 가랑잎이 가을의 맛이라고
공원 의자에 앉아 마음을 달래는 나
실은 은총이란 이러한 일상에서 오는 것임을 알았네

꽃이 지는 것이 덧없다고 서운하다가
열매가 영그는 것을 보고
실은 은총이란 이런 것임을 알았네

새가 나무에 앉아 정을 속삭이다 돌아가고
다시 돌아와 고개 갸웃거리며
우리 사는 마을에 정을 두는 사이
그냥 열매도 달리고 계절이 바뀌는 것이
실은 일상의 은총이란 것임을 알았네

말, 그 불온전한 것

부리 예쁜 새가
"좋은 아침"이라 노래하는데
내 입은 어눌하다, 새 노래 같지 못하다

을지로 입구에서 깨달았다
담금질 미처 하지 못한 연장처럼
비둘기들이 구구구 구구 불온전한 언어를
토해낸다고 혀를 차다가
내 사고의 불완전이 비둘기의 온전이란 것을…
서울교육대학교 돌담길을 가다가 또 듣는다
포르르 포르르 지난날의 기억의 새처럼 내려앉는
잎사귀들의 황홀 속에 완숙해가는 저 은행 알갱이들의
"딱" 한 마디

우리는 기억한다, 에덴에서의 최후의 낱말이 변명이었음을
최초의 살인자가 자기 존재를 이룬 낱말도 바로
변명이었음을…
그래서 나는 번민한다
나의 생이 저물어 갈 때
오직 한 마디의 언어를 어떻게 완성할 것인지

눈이 내리고

신의 흔적이 사람의 흔적을 덮고
상처를 조금씩만 남겨두고 있다
남은 고통을 만질 수 있도록 하는
신의 은총인지 모른다

눈은 행여 동산 동쪽에서 유예된
죽음의 발자국을 찍어대면서 걸어가던
그때에도 내렸을까
나는 시조 사나이의 발자국을 좇아가듯
가만가만 소리를 내며 자국을 찍어본다
중생대와 신생대를 거치며
무수한 발자국이 묻혀버린 땅을
충직한 시종인 기계들이 앞장서서 신속히 밝아내면
회오의 시간도 사라지리라

세상의 모든 흔적이 얼굴을 들기 전
비로소 나의 옷이 이다지 부끄러운 자국임을 알았지만
저 순백에다 생가슴을 비비어보고도 싶지만
지금은 부끄러운 남루 벗어버릴 곳이 없다
그냥 한동안만 눈사람이 되어버리자

눈이 내리고
신의 흔적이 사람의 흔적을 덮고도
상처를 조금씩 남겨두는 것은
남은 고통을 만져볼 수 있도록 배려하는
신의 은총인지 모른다

| 서평 |

언어의 압축과 현상적 이미지

— 이만균 시집 『다시 지리산에서』

조병무

(문학평론가·시인 전 동덕여대 교수)

1.

이만균李晩均 시인은 1958년과 1959년에 우리나라 대표적인 문예지인 〈현대문학〉에 시 「배신자背信者」(10월호)와 「창窓을 뚫어」(2월호)가 박두진 시인의 추천으로 실리면서 시작활동을 시작한 원로시인이다.

시인은 이미 그 무렵 추천작품 두 편에서 언어의 강렬한 개성과 역동적 사고의 이미지를 형상화하는 데 앞서 있음을 볼 수 있다. 이러한 시인의 강한 언어에는 상상에 의한 현상을 뚜렷하게 부각시키면서 새로운 함축의 세계를 구축한다. 어떤 면에서는 시가 지닌 심상적인 함축을 뛰어넘는 또 다른 환상적인 서사의 세계로 독자를 이끌려들게 하고 있다.

긴 세월을 거치면서 첫 시집으로 간행되는 이만균 시인의 시집 『다시 지리산에서』에서 총 4부로 나누어 시인의 시를 조감할 수 있는 계기를 만들어주고 있다. 사실 이만균 시인이 등단할 때만 하여도 1930년대부터 대두하기 시작한 문학의 신조류인 모더니즘과 주지주의의 경향이 우리 문학에 영향을 주었던 시대였다. 이 시인의 등단 작품에서도 이러한 면을 부정할 수는 없다. 두 편의 작품에서 감성보다도 사고의 이미지와 철학적 심상을 내포하고 있는 것은 숨길 수 없기 때문이다.

오늘날 우리는 시의 홍수 속에서 살아가고 있음은 자명하다. 다만 시가 어떠한 형태로 어떠한 방향으로 나아가느냐 하는 것은 현대라는 큰 틀 속에서 이루어지는 문명에 의한 인간의 사고 영역이 얼마나 영향을 끼치느냐에 따라 변화의 촉각이 달라질 수 있다고 할 것이다. 세계의 문명 변화는 가속화되어 인간으로 하여금 어떤 척도를 가늠하기 어려운 시대다. 문학이 대응하고, 문학이 실천하려는 의지는 그러한 상황과 함수관계를 이루면서 새로운 방향 모색을 추구해야 할 것으로 본다.

이러한 맥락 속에서 시인 이만균의 시는 조류에 흔들림

없이 자신만의 강한 개성을 유지하면서 현상과 언어의 감성을 압축하여 독특한 맥락을 형성함으로써 작품의 무게를 강하게 하고 있다.

2.

시인 이만균의 사물 보기의 감성은 그 사물의 현상에 있다는 점이다. 단순한 이미지의 실상만을 투영하지 않고 그 이미지의 내면에 존재하는 또 다른 사고와 상황의 현상을 찾아 투영하는 것이다. 그래서 시인의 작품에서는 이미지의 단순성보다 이를 따라가면서 찾아내려는 또 다른 세계의 한 면을 담론으로 담아낸다. 작품 「다시 지리산에서」는 시인의 화자는 우리나라의 아픈 역사의 굴곡에서, 큰 상처가 영글고 있는 큰 산맥에서, 역사적 내면의 화자와 만난다. 그러기에 시인의 현상現象, phenomenon은 화자와 청자의 몫이기도 하다.

그보다 아플 수는 없다
눈이 많은 몸의 기억을 기억하다가
묵상하는 나무들, 겨울이다

저들은
세석고원, 달궁계곡, 피아골 어디에서고

죽어서 다시 산다는 결단으로 파고 든
빈사의 몸들 의지할 둥지가 되어왔다
괴나리봇짐에 죽창에 스민
눈물보다 피보다 절고 짠
십만의 피 뿌리는, 녹두꽃 떨어지는 순간들을
보았을 것이다
고부황톳길 텅 빈 들녘에서 서럽게
서럽게 우는 청포장수를 보았을 것이다

—「다시 지리산에서」 전반부

시인은 단순한 지리산의 풍광보다 지리산에 얽혀 있는 역사적 실상에서 그 아픔의 현상을 기억한다. 서두의 "그보다 아플 수는 없다"는 고백은 시인이 그 시대를 겪은 지리산이 품고 있는 아픔과 슬픔을 같이한 역사의 진실이 있기 때문이다. 시인은 그러한 당대의 역사적 현실 속에서 살아왔고, 그 아픔의 내면을 누구보다 직접 보아온 세대이기에 지리산은 단순한 지리산이 아니었던 것이다. 그래서 "묵상하는 나무들"이 겨울을 맞이하듯, 차가움 속에서 지나간 아픔을 돌이키듯, 긴 세월을 침묵하는 현장을 시인은 바라보고 있다.

지난 세월에 "세석공원, 달궁계곡, 피아골 어디에서고 /

죽어서 다시 산다는 결단"이 좌우대립의 피눈물 나는 대립의 현장을 시인은 지리산이 "십만의 피 뿌리는, 녹두꽃 떨어지는 순간들을 / 보았을 것이다"라고 알리고 있다. 우리의 해방 전후사와 동족상잔의 전쟁 속에서 지리산은 좌우대립의 극한적인 삶과 죽음을 시인은 잊을 수가 없었다.

이만균 시인의 또 다른 일면은 한 편의 삽화를 스토리로 끌어들이는 시적 발상이다. 단순한 심상적인 범주를 넘어서서 그 심상 내면에서 연관된 사실을 서사화한다. 그러한 서사는 시인이 찾아 나선 이미지와 결합하여 영상적인 생동감을 주기 때문이다.

> 아이들이 별을 보고 별보다 부신 말을
> 하늘로 쏘아 올렸는데
> 땅에는 팔백 년도 넘어 산다는 배롱나무 꽃
> 별처럼 환했는데
> 오늘밤은 배롱나무와 별 사이 아파트 베란다에
> 노인 하나 별빛 속으로 나간다
> 별에게 삿대질을 한다
>
> — 돌려다오, 돌려다오
>
> —「돌려다오」의 앞 연

아이와 노인과 배롱나무에 얽힌 한 편의 삽화다. 시인은 이러한 삽화에서 시가 단순한 심상적인 이미지의 표현뿐만 아니라 상황에 따른 사고 감정 감각을 통틀어서 하나의 판타지를 배가할 수 있음을 보여준다. "팔백 년을 넘어 산다는 배롱나무 꽃"은 아이와 노인과 별 사이에 얽혀진 한 편의 판타지를 함축한다. 시인의 시적 감성이 이미 오래전부터 이후에 닥쳐질 시의 영상적인 세계를 알고 있었음을 보여준다.

최근 우리의 현대시에서 시적 기법의 새로운 실험적인 대상으로 시도되고 있는 경향이 시의 소재를 우주적 판타지의 세계로 눈을 돌리는 실험시라는 면모를 접할 수 있다. 물론 이러한 현상에서 시작품에 판타지의 스토리를 접목하자는 시도이다. 이러한 오늘날 시적 경향은 일상적으로 인간의 삶의 테두리에서 경험하는 세계를 벗어나 우주에 존재하는 또 다른 감성을 추구하는 시대적 흐름으로 보아야 할 것이다. 상황은 다르지만 위의 작품에서 보여준 시인의 시도는 동화적 함축으로 이루어진 환상의 일면으로 보아도 될 것이다. 이러한 시도의 작품은 「청암골 가는 길에」「꽃 없는 날의 지복」「거지」「샘을 치다」「생동하는 것들」「말, 그 불온전한 것」 등에서 한 편의 짧은 스토리를 들을 수 있다.

3.

우리의 현대시에서 자연 환경에서 오는 시적 감성은 실로 다양하다. 대부분이 서정시의 테두리 안에서 많은 자연을 묘사했다. 그러나 이만균 시인의 서정성은 자연이라는 광활한 풍광의 심상적인 정감에 머물지 않고, 자연의 일상적인 느낌보다 자연의 내면에 저장된 비밀스러움을 형상화하고 있다. 시인에게 다가오는 산, 빛, 꽃, 봄, 노을 등의 현상은 자연이기 전에 시인의 내면으로부터 결합되는 새로운 자아의 세계와 동질성의 생동감이다.

시인이 보여주는 자연 속의 생존자는 생명의 신비로움을 찾아 그 생명의 내면 깊숙이 숨겨진 자연의 심상을 동적 감각으로 그린다. 모든 지구 위에 존재하는 생물체나 무생물체에도 생명의 존엄성이 존재한다는 원리 앞에서 시적 언어의 감수성은 또한 생명력을 지니고 있음을 보여주고 있다.

가파른 비탈에 올라서서
노을이 곱다고
노을로 몸 쏠리며 백발의 꽃들 춤을 춘다

세상의 꽃들 다 입 다물었어도
그리움 하나씩 치켜들고 일어선

피안의 빛 쏘시개

빛을 지르자
이른 아침 참언에 조이던 가슴 안고 오게나
신명으로 사위는
상처가 고와서 빛이 되는
어둠과 빛의 이음새
삶과 죽음이 하나인
휘몰이 꽃불

영원으로 섞이는
살가운 몸짓이다
신명난 피안의 들머리
노을이 고운 때를 가려 맞이하는
친영의
몸짓이다

—「억새의 노래」 전문

억새의 강한 생명력에 대한 영상이다. "노을"과 "빛"= "어둠과 빛", 그리고 "삶과 죽음"으로 결합하면서 그러한 자연의 동질성에서 인간의 생명력의 몸짓으로 전이시키는 것이다. "빛을 지르자 / 이른 아침 참언에 조이던 가슴 안고 오게나 / 신명으로 사위는 / 상처가 고와서 빛이 되는 / 어둠과 빛의 이음새 / 삶과 죽음이 하나인 / 휘몰이 꽃불" 억새 속에 숨겨진 또 다른 삶의 생명력에 의해 영원한 모습을 목도하게 된다.

그뿐인가. 이만균 시인은 자연의 생동감을 한 편의 순수한 생명력으로 전환을 시도한다. 자연 속의 한 형상은 사실은 그 자체로 부동이다. 그러한 부동의 비밀스러움 속을 찾아 시인의 정서는 깊은 사념으로 감성을 옮겨간다.

어느 바다와 산이 마주친 곳
초승달 모양의 한 고요를 만났다
땅이 처음 치솟을 때부터
씻기고 바래어 정갈한 알갱이 흙
피 한 번도 스민 적이 없다
형상 한 번 이룬 적도 없다

질풍노도로 바다가 달려오다가
저 고요 앞에 숨을 고르고
파멸할 듯 홍수 따라 산이 기울어오다가도
매무새를 가다듬는 곳
"산은 산이요 물은 물이로다"
서로를 존엄하게 치켜세우는 곳

하얗고

영원한 미맹未萌

— 시 「미맹未萌」 전문

바다와 산이 마주한 곳의 "영원한 미맹未萌"은 "피 한 번도 스민 적이 없"고 "형상 한 번 이룬 적이 없"는 미맹의 하얀 매무새일 뿐이다. 바다와 산이 마주한 곳은 비밀스러운 모습의 내면을 감추고 있을 뿐, 다른 변화를 숨기고 있는 것이다. 그러한 부동의 비밀은 시인의 심상에 파묻고 있는 잠정적인 자세일 뿐이다. 말하자면 시인은 그 자체 속의 숨겨진 많은 내재적 요소를 찾아야 함을 말해주고 있다. 그것은 무엇일까, 독자는 작품의 내면으로 침몰되는 과정 속으로 들어가야 미맹의 모습을 발견할 수 있는 것이다.

작품 「풍경에 섞이다」 「거푸집」 「노래하라」 「꽃바람에 흔들리고 싶다」 등의 작품에서 자연의 무한성을 찾아 나서고 있음은 시인의 집요한 집착임을 알 수 있다.

우리 현대시에서 자연의 우주 원리에 입각한 작품과 순간적인 심상의 단순성으로부터 서정성을 찾고 있다. 그러나 이만균 시인은 자연과 생명력이라는 함수 속에서 생명의 비밀스러움을 만들어내고 있다.

4.

시인의 강한 집착 속에는 어머니에 대한 깊은 환영幻影의 모습이 많은 작품에서 나타난다. 어머니는 구원이고, 어머니는 믿음이고, 어머니는 절대적 존재로서의 모습이다. 시집의 서두에서 "어머니의 물려준 정서와 잊을 수 없는 추억들이 작품의 밑바닥에 녹아 흐름을 고백하고 싶다."라는 글은 시인의 시작품에 나타나는 '어머니' 의 정서가 한편의 추억은 물론 절대적인 구원의 대상으로 나타나고 있다. 시인의 작품에서 모든 언어의 이미지에 표현된 '어머니' 는 절대적인 존재로서 함축된 빛이 된다.

당신은 누구십니까
나를 그리움에 지치게 하시는 이
바람 부는 날 바람 끝을 잡고 언덕에 서게 하고
기시떨기에 이는 불꽃같은 얼굴로 서성이다가
그래도 가시지 않은 그리움에
헛것을 바라보게 하시는 이

당신은
우리 어머니를 닮았나 봅니다
해질녘, 둥지를 찾는 새처럼
골목 길 뒤뚱뒤뚱 돌아들다가

무엇인가 아쉬워서 마당을 서성이게 하는 이
언제나 어머니 얼굴에
환한 빛으로
겹치시는 이
당신은 누구십니까

—「당신은 누구십니까」 전문

"당신은 / 우리 어머니를 닮았나 봅니다" 시인의 어머니에 대한 환상과 영상은 모든 존재자에게 확인되는 절대적 인격체로 환원되며 부활하는 구원자의 초상이다. 하나의 생명을 점지하여 주시는 대상, 어머니는 시인이나 살아 있는 모든 사람에게 생명 자체를 결실로 거두게 하시는 능력의 소유자이기에 이만균 시인은 어머니를 환생의 모습으로 본다.

그래서 시인은 시 「다시 지리산에서」에서 역사적인 현실의 아픔을 보여주었듯이 어머니의 대상도 그 아픔이 역시 존재하는 것이다. 작품 「해후」「거지」「역려과객逆旅過客」 등에서 전쟁의 후유증을 이겨내는 아픔과 함께 어머니는 삶의 대상이고, 구원의 대상이다.

그래, 울음이 울음을 보듬지 못하는 전쟁,

1·4후퇴의 난리통에
가랑잎처럼 가족을 잃은 떠돌이구나
마당으로 어머니가 내려서고
한 울음이 또 한 울음을 보듬는 장면은
이 땅에 벌어지던 통한의 울음이었다

— 시 「해후」에서

가련한 민족주의자
1944년 저들 광란의 막바지 앞에서
상한 가지 위에 휘어진 듯 조국이 흔들릴 때
(생략)
소자도 저무는 하늘 올려다보며
눈시울에 가만히 달아봅니다
어머니

— 시 「역려과객逆旅過客」에서

전쟁의 참상과 어머니, 시인은 그 어머니를 절대적인 대상의 인격체로 그리면서 모든 문제의 해결의지를 보여주는 계기를 그려준다. 이만균 시인의 삶의 바탕에 잠재한 무서운 소용돌이의 영상에서 그날의 역사적 현실을 살면서 보아온 주체로서의 고통을 이겨내게 하신 어머니의 운명적 자세를 볼 수 있다. "조국이 흔들릴 때" 어머니는 구원자이시고, "1 · 4후퇴의 난리통에" 어머니는 우리를 안아주시는 절대자였음을 시인은 보여준다.

> 어머니 손등 거칠어 울고 싶었던, 그런 흠집들이
> 속속들이 박힌 채
> 외로이 선 나무
>
> — 시 「노래하라」에서

> 멀리, 함양, 산청 목화밭 빈 들녘 어디쯤에
> 붉게 노을을 지고 가는 아낙이 있습니다
>
> — 시 「명작을 그리며」에서

그뿐만이 아니다. 어머니와 함께한 삶의 고통에서 지난 시대의 어려웠던 굶주림의 참상 역시 역사라는 그림자로 돌아가려는 우리 민족의 수난이었음을 말해주고 있다. 해방 전후사에 우리 민족의 굶주림의 참상은 시대에 파묻히는 현실이다. 그러나 시인은 "빈 들녘"의 막연함과 "거칠어 울고 싶었던” 어머니의 영상은 시대의 긴긴 추상으로 그려진다. 시 「석양에 돌아가렵니다」 등에서 아픔은 동일한 것이다.

이상에서 이만균 시인의 시에서 나타난 몇 가지 특징을 단편적으로 살펴보았다. 대체로 시인의 시에 대한 태도는 우리 시가 지닌 근원적인 문제는 물론 새로움의 관조와 사상을 부각하려는 것으로 볼 수 있었다. 그래서 시인 이만균은 역사적 내면의 형상화는 물론 영상적 기법의 함축에서 시인 특유의 시적 기법을 보여주었다. 그리고 자연이라는 생명에서 동화되는 생동감과 동질성을 찾으려는 노력이 어머니의 정서에서 환생과 구원의 절대성을 찾으려는 강한 집념으로 정착한다.

결론으로 시인 이만균을 문단에 추천한 박두진 시인의 추천사는 이만균 시인의 존재를 그대로 보여준다. 추천사로서 이 글의 결론으로 대신하고자 한다.

> 쉽고 순수한 말솜씨로 자기가 의도한 주제를 잘 남에게 스며 들여보낼 수 있도록 형성해 놓았다면 그 시는 벌써 어느 단계를 넘어선 시요 그중에서도 상급에 속하는 것이 될 것이다. 「배신자」는 여상如上의 조건을 구비하고는 있으면서 어디에 짜릿짜릿 번득이는 얕은 재치랄까 하는 얕은맛이 없이 순수한 차림새와 맛을

지니고 있는 것이 좋다. 나무랄 곳이 없는 시란 그러나 아직 평범한 시가 아니면 이미 많은 수업을 거친 뒤에야 얻는 썩 높은 경지의 시가 되는 것이니 이 시의 작자는 잘 자성해보면 이 두 가지 면을 잘 적용시켜 깨달아지는 바가 있을 것이다. 이 「배신자」는 그러한 중에도 시의 압축력과 파 내려가는 심도가 훨씬 승勝해 있음을 낫게 본 것이다. 계속 분발하기를 바란다.

— 시 「배신자」 천후기

십여 편이나 보여준 그간의 정진의 성과가 어느 것이나 다 이만한 평상수준은 된다. 드날리는 재치나 천분이 아니면서도 이 시인은 오히려 타고난 인생에 대한 감정의 질이 시가 아니고는 버티어내지 못하는 숙명적인 것을 가지고 있다. 겨우겨우의 의지, 겨우겨우의 비극과의 대결태세가 그대로 대상화되어 시의 소재로서 결실화한다. 그만큼 진실이 깃들어 있고, 그만큼 몸 전체 진한 피로 쓰는 시일지도 모른다. 사실은 시보다는 인생이 더 중요한 것이지만 시가 인생을 거느리는 하나의 청초하고 따사한 방편이 된다면 당신은 오히려 시를 그 방편으로서 쓰기 위하여 인생이 시를, 시가 인생을 서로 떨어져서 관조할 수 있는 그러한 마련을 예지의 도움으로써 해야 할 것이다. 훌륭한 인생의 가눔을 위해서, 훌륭한 시도에의 귀의를 위하여.

—「창窓을 뚫어」 천후기

이상의 추천사에서 보여준 바가 이만균 시가 추구하는 본질이라 하겠다.

어디선가 속삭이는 소리 들린다
적막으로 가득하다고
그리움으로 가득하다고
꽃 진 자리에 서보라고
꽃 진 자리에 서보라고
허기에 젖는다고
세상 제일로 고픈 생성의 시작이라고